박종권 시집

즐거운 수다

박종권 시집

즐거운 수다

순수

◆ 시인의 말

시인의 말

 제2집 "사랑 하나 달랑 지고 가네" 발간 후 5년 반 만에야 제3집 "즐거운 수다"를 상재합니다. 여러 이유로 출간은 늦었지만 치열한 삶 가운데 부서진 조각들을 모아 지은 시편들이어서 나에겐 의미가 깊다고 할 수 있습니다.

 머리로 쓴 시편이 가급적 없었으면 하는 바램이 있었지만 그러지 못했습니다. 그래서 종종 절제하지 못한 관념어나 기법들이 등장할 때도 있습니다. 하지만 시라면 눈물이 좀 있어야 가슴도 적시고 맛도 있지 않을까 하는 엉뚱한 생각을 해 봅니다.

 등단 초기에는 시인이라는 소리를 들으면 박하사탕을 먹는 기분이었습니다. 하지만 지금은 부담스럽습니다. 시인이란, 시라는 글을 쓰는 작가이기 이전에 사물을 사유하는 깊이만큼 삶의 실천도 타인의 가슴을 두드릴 수 있도록 시적이어야 한다고 생각할 때, 나의 삶을 반추해 보면 그렇습니다. 좀더 깊은 참회의 삶이 날 정제하기를 바랄 뿐입니다.

이번에도 누군가 삶과 신앙을 소재로 작시된 제3시집 "즐거운 수다"를 읽고 조금이나마 가슴을 적실 수 있다면 무슨 바램이 있겠습니까? 시를 쓰게 하신 하나님께 감사할 뿐입니다.

서평을 기꺼이 써 주시며 칭찬과 격려를 아끼지 않으신 사단법인 한국문인협회 이사장이시며 한국저작권협회 이사장이신 소설가이시며 평론가이신 김호운 이사장님께 깊은 감사를 전합니다. 또한 시집출간을 독려하고 도와주신 한국문인협회 시분과 회장님이시며 월간순수문학 주간이신 박영하 시인님과 출판부 직원들, 제2집에 이어 제3집에서도 제목을 써주신 서예가 효성 김옥순님, 사랑하는 나의 가족들, 독자가 되어 나를 기억하는 모든 분들에게 깊은 감사를 드립니다.

2025. 09.
암사동에서
素雲 박종권

차례

◆ 해설/김호운 · 108
◆ 시인의 말 · 10

제1부 낙엽속에서

9월의 창가에서 · 19
반지 · 20
가을저녁 · 21
가을 들녘 · 22
나의 기도 · 23
소천召天 · 24
가을 코스모스 밭에서 · 26
가을이 오는 소리 · 27
만추晚秋 · 28
이별 · 30
기러기 · 31
낙엽 속에서 · 32
가을과 소나기 · 33
손녀孫女의 집 · 34
병실에서 · 36
서른아홉 번째의 추모 · 37
통곡痛哭 · 38
카루소가 들리는 허공 · 39
억새 · 40

제2부 세월의 행렬

12월을 보내며 · 43
가족 · 44
선교사 · 45
해외 선교사 · 46
투병鬪病 · 47
이명耳鳴 · 48
문병 · 50
종을 치는 그리스도 · 51
코비드 19 유감 · 52
즐거운 수다 · 53
길 · 54
세월의 행렬 · 55
하루의 시작 · 56
타종打鐘 · 57
리어카 · 58
불면不眠 · 59
풍경 · 60
운동화 · 61
자전거 · 62

제3부 훈풍 부는 날의 산책

5월의 고백 • 65
사월 • 66
갈망渴望 • 67
새해 • 68
춘몽春夢 • 69
호수로 걸어오는 봄 • 70
봄의 행진 • 72
오월의 기도 • 74
백발이 된 민들레 • 75
병사의 촛불 • 76
비상飛翔 • 78
동백섬 • 79
훈풍 부는 날의 산책 • 80
새해맞이 • 82
짧은 기도 • 84
왜가리 • 85
풍경 · 2 • 86
입춘立春 무렵 • 87
엘리 엘리 라마 사박타니 • 88

제4부 갑판 위의 합창

영상리 · 91
사진 · 92
전선 1978 · 93
백두산 등정길 · 94
갑판 위의 합창 · 95
이도백하 · 96
압록강가에서 · 97
새 노래 · 98
장마 · 99
열대야 · 100
폭염 · 101
장미 정원 · 102
투병 · Ⅱ · 103
비둘기 · 104
북 치는 매미 · 105
중풍병자와 친구들 · 106
폭우 · 107

제1부
낙엽속에서

9월의 창가에서

9월 첫 날
창틀을 꼭 붙들고 서 있는
검은 방충망을 밀어 낸다.
날선 검을 세운
십자가 철탑의 영혼 끝으로
햇살이 부서져 쏟아진다.
살갗에 달라붙던 여름밤의 긴 고통
눈부시게 가냘은 풀벌레의 기도소리에 묻힌다.
아, 창 밖의 시원한 가을 내음
초록을 막 벗은
메타세콰이어의 늘어진 잎들이
지친 가슴으로 파고든다.
맑고 푸른 하늘 위로
몇몇 떠 가는 뭉실한 털구름
사랑을 부비는 맛깔나는 바람은
얼마나 또 감사한 것들인가?
벌써 초록을 벗은 들판은
빛나는 노란 경의로 가득하다.

반지

침묵은 오래 가지 못했다.

어머니 세상 떠나시던 날
쓸쓸히 뽑힌
가락지 한 개

무색투명한 크리스탈 쟁반 위로
말없이 누워 있는
마지막 삶의 결산서

충혈된 눈들은
슬픈 결산서 위로
굵은 눈물을 쏟아 냈다.

가을저녁

가을을 두드리는
긴 노을
풀섶에 이는 바람 함께 싱그럽네
일용할 양식도
쉴 만한 둥지도 없는
저녁 새들
온종일 삶을 몸부림치던
곤한 날개 잠시 접고
갈대밭 스스한 풀집에 앉아
긴 무릎을 꿇고
눈을 감네

가을 들녘

낙엽 한 잎
뚝, 떨어지네

공활한 가을 하늘
끝없이 푸르고

단풍도
들꽃도 아직 찬연한데

텅 빈
들판에 서면

십자가 외로운 님 생각에

그냥
눈물 한 잎
뚝, 떨어지네.

나의 기도

어려울 땐 다만
당신만 소리 없이 불러 봅니다.
두 손을 포개는 것도
무릎을 꿇는 것도
넋이 나가 잊어버리고
흐르는 눈물로
오직
당신을 부르며
빈 허공을 바라봅니다.

소천 召天

누님
하늘로 올라가시네.
병마의 고통 벗어 버리고
이별의 슬픔도 벗어 버리고
어깨에 은빛 날개 단 천사에 들려
천국 가는 황금 구름마차 타시고
훨, 훨, 올라가시네.

사파이어 끝없는 은하수도 건너고
루비 빛 황홀한 우주를 지나
예수를 믿어야만 갈 수 있는 천국
생의 끝자락 병상으로 손 내미신 하나님
그 은혜 어찌 잊으리오.

머리에 손을 얹던 목자여
슬퍼하며 수고하던 핏줄이여
기도하던 형제들이여
이생을 떠난다고 슬퍼하지 말으오.

화살같이 생이 휙 지나가면
우리 다시 만날 천국 거기 있으니

행여 슬픔과 고통이 올지라도
감사하고, 사랑하고 살으오.

누님, 천국으로 올라가시네.
예수 믿어 받은 천국 가는 표 한 장 들고
눈부신 은빛 날개 천사들 따라
황금 구름마차 타고
하늘로
하늘로 올라가시네.

가을 코스모스 밭에서

가을이 오면
단풍잎이 부르는 들녘으로 나가
우리 가느다란 몸을 흔들자
햇살로 지은 무지개빛 꽃잎들
어깨에 걸쳐 입고
작은 바람에도 흔들리는 갈대가 되자
하늘은 샬롬의 메세지
수많은 양 떼는 푸른 초장草場을 나르고
화동畵童은 점 하나 찍고 가네
언덕에 밤하늘이 열리면
가을하늘은 우주의 축제
폭우처럼 쏟아지는 별들의 몸부림
감사의 눈물을 만드네
세상은 아직 캄캄할 지라도
어둠은 곧 사라지고
밝은 태양은 꼭 솟아오르리
가을은 감사의 눈물로 익어 가리
거룩한 무릎을 꿇고
풀벌레 고요히 기도하는
은밀한 감사의 노래로 익어 가리.

가을이 오는 소리

불타는 벽에 매달린 달력이 하얀 하이힐을 신는다. 삼복의 종장終章도 살을 태우며 우주의 공간을 지나간다. 갈보리 언덕길 목마름이 멈추면, 섬짓 섬짓 가슴을 파헤치는 천둥 같은 큰 두려움 붉은 핏값으로 사라진다. 아직 대교의 다리 밑은 부산하다. 지친 바람이 걸음을 세우고 목판 위의 낭인들은 미칠 것 같은 사악한 가식들의 현란한 혈투 속에 상처 난 귓속에서 블루투스 검은 이어폰을 빼낸다.

광야에는 항상 정의만 존재하는 것일까? 불볕에 야윈 풀잎들이 사각거리며 몸을 흔든다. 찰칵 거리며 생명이 소멸되는 거룩한 순간들의 행렬, 그래도 정의의 들녘에는 톡톡 익어가는 알곡들의 감사한 눈물, 장독대엔 굵어지는 감과 대추의 열애 이야기 장醬을 익힌다. 고막을 툭툭치는 가을 벌레소리 올해에도 때를 넘기지 않은 듯 허공에 맴돌다 빨랫줄만 외로이 고요를 지키는 파란 양철지붕 위로 사각거리며 가을로 내려앉는다.

만추晩秋

진노랑 고운
은행나무단풍역 플랫폼에 홀로 서서
우주로 떠나는 그대에게 손을 흔드네.

생명으로 가는 좁은 길
들판을 휘날리던 꽃도
홀씨 하나 달랑 남기고
네온을 걸치고 팝을 추던 나무도
고운 잎 다 버리는데

플랫폼에 홀로 선 나는
눈부시게 고운 그대에 사무쳐
밤하늘 별을 보며
아직도 우네.

이리로 오라
이리로 오라
무거운 짐 다 버리고
가는 바람에도 순종하는 갈대가 되어 오라.

빈 의자 위로 떨어지는 낙엽

생명의 그 강가로
날 부르네.

이별

곰취꽃 만발한 언덕 아래
하늘로 돌아가는 당신을 내려 놓고
떨어지는 낙엽처럼 돌아섰습니다.
슬픔이 서려 구겨진 하산 길
하늘가는 밝은 길
성가가 흘렀습니다.
방사선을 쪼이며
사선(死線)을 넘나들던 지난(至難)한 밤들
새벽 사백 리
서울에서 한밭으로 수혈하던 투병 길
주렁주렁 주사 줄에 숨조차 힘들 때에는
주님만 생각했었습니다.
아,
이제 다 그리움이 되었습니다.
살아 있다는 것은
얼마나 위대한 것인가를 남기고

기러기

찬 들녘 가로질러 한 무리 날아가네

사람들은
분내고 미워하고 갈등하고
때론 돈키호테가 되어 비상하지 못 하는데

긴 폭풍우 몰아쳐도
앞에서는 사랑의 구령口슈으로
뒤에서는 응원과 격려의 목소리로

천상의 하모니 휘파람 날리며
머나먼 비행 십만 리
무리가 하나 되어 춤을 추며 날아가네

낙엽 속에서

떨어지는 낙엽 속에 나를 던진다.
언젠가는 무참히 몸부림치는
유명산 오늘 낙엽처럼
얼룩진 생의 빛깔들을 그저 몸에 채색한 채
아무런 생각도 없이
부는 바람에 쓸쓸히 날려 날아가리.
어느 해맑은 푸르른 하늘을
부러워하랴
몹쓸 이별을 아쉬워하랴
슬픈 바람이 불면
그냥
어디론가 휘날려 날아가리.

살랑거리는 바람 속으로
쓸쓸한 낙엽들이 우수수 몸을 던진다.

가을과 소나기

올해도
꼭, 몇 번
풍악을 울리며 오셨지요

북 치고
장구를 치고
나발, 태평소 신명나게 불며 오셨지요

꽹과리 상모를 돌려 나비사를 만들고
긴 여운 징을 치며
온 고을 돌고 돌아 오시고는

일곱 빛 쌍무지개
번쩍이는 불꽃놀이 동산 위에 걸어 놓고
얼른 단풍들라 명하시며 오셨지요.

손녀孫女의 집

멀어져 가는 차창 너머로 그대 작은 손을 흔드네
다시 돌아오지 못할 정든 집
눈물 속에 담아 두고 갈대처럼 두 손을 흔드네
당신은 독립투사 권영만의 친 손녀
의사義士의 땅 만주 하얼빈에서 태어나 몇 해가 가고
해방 후 수만 리 돌아오는 길
묻고 온 어머니의 주검 길가의 한 많은 땅 잊을 수 없네
동강난 조국祖國 38사선死線을 넘던 숨가쁜 날들
영해면 괴시리 소학교 석 달은 사치奢侈였던가
빵을 찾아 어디론가 떠났던 어린 날이 두렵네
멀어져 가는 차창 너머로 파란 양철 집 바라보네
빨간 다알리아, 장미와 수선화, 철쭉과 분꽃 붓꽃들
손톱을 물들이던 봉숭아도 아른 아른 눈 속에 접어드네
나라를 찾았어도 헤매이던 운명의 날들
예수를 만나고 신랑을 만나고 작은 초가草家 둥지를 틀고서도
투사鬪士처럼 살아왔던 숨죽인 날들, 이젠
아련한 추억에서도 멀어져 찾을 수 없네
언덕에 석양이 곱게 피어 울던 날
서러워 마라 둥지에게 말하고 싶네
돌아오지 못할 양철 집 한 채

어디론가 이어지는 녹슨 철길
외롭게 졸고 있는 빨랫줄을 깨우리
은행나무 가지 위에 널어 놓은 고운 추억들
묵을 만들던 돌 절구통 잊을 수 없네
멀어져 가는 차창 너머로 두 손을 흔드네.

병실에서

새싹은 철없이 파릇파릇
솟아 일어서는데
쓸쓸한 병실에 누운
시인 민초民草*
하늘 가는 그 먼 길
시詩 뿌리며 떠날 채비를 하네.
아직 마른 그 손목 따뜻하여
금방 일어나 어디
시詩 한 편 보여 달라 할 듯한데
목메이는 기도
기막혀 다 고하지 못하고
전복 죽 몇 그릇
다 잡수라고 애원하며
돌아서 눈물 한 자락 토하네.

*산시동인으로 함께 활동하시다 작고하신 양동환 시인님

서른아홉 번째의 추모

꽃상여 슬피 메고
종을 치며 울며 가고
어린 자식 줄줄이
목이 메여 따라가네
어디로 가는 건지
인생은 알 수 없는 행렬
목메이던 어린자식
이순耳順이 넘었는데
어디에 계시는지
아직 알 수 없는 행렬.

통곡痛哭

천국으로 올라가시네
세상 고통 다 내려놓으시고
이별의 눈물 쏟으시며
소풍 끝난 날
훨
훨 날아
주님 곁으로 가시네
슬픔이 깊어 산천초목도 흘리는
붉고 노란 눈물
슬퍼도 울지 말자 하시며
가슴에 별 하나 남기고
천국으로 올라가시네.

카루소가 들리는 허공

한 영혼 또 돌아가네
카루소가 들리는 하늘 저 멀리로
달랑 영정만 남기고
말없이 돌아가네.
긴 고통의 시간이 끝나고
떠나야 할 순간이 오면
치열히 살아가며 쏟던 눈물
그대도 바람 곁에 두고
본향으로 돌아가는 건가요?
쓰라린 이별의 슬픔
갈대의 울음소리에 묻힌
텅 빈 순간들
카루소가 들리는 허공으로
가랑비 타고 끝없이 내리네.

＊파파로티가 부르는 노래 카루소

억새

가느다란 바람에도
기린 같은 목을 흔드네

아름아름 모여
사랑하며 살아가는 갈빛 들꽃

고라니 뛰노는 초원에선
집을 주고 젖을 주더니

강물이 얼고 눈이 소복해지니
스러져 진토가 되는구나.

제2부

세월의 행렬

12월을 보내며

거친
두 손으로
하얀 심지에 불을 댕긴다.
불씨는
검은 심장을 파고 들어가
사악을 다 태우고
두렵고 떨리는
거룩한 횃불이 된다.
아,
그래도 감사한 한해
눈물이 농물처럼
뚝
뚝
떨어진다.

벌거벗은 하늘
푸르름이 눈 시리다.

가족

케익 하나 올려놓고
빙 둘러
찬양하고 기도하네

부모는 자식을 위해
자식은 부모를 위해
촛불을 켜고

선교사

낯선 광야로
당신이 종을 보냈습니다.

모세가 가지고 다니던
살구나무 지팡이 한 자루

낮에는 구름기둥
밤에는 불기둥을 주시고

시내산 그 어디쯤
은밀히 불러
새 돌판도 만들어 주옵소서.

해외 선교사

미지의 땅
깜깜한 곳으로
복음 하나 들고 나간다.

독충과 풍토병
때로는 이교도의 떨리는 죽음을 만나도
죽으면 죽으리라 목숨 건 각오
하늘 보면 두렵지 않다.

미지의 땅
깜깜한 세상으로
주님 손길 달랑 잡고
담담히 따라간다.

오늘도 목숨 거는
땅 끝까지
증인되어 들어간다.

투병 鬪病

부활하듯 소생하여 눈을 뜬다.
짓누르는 산소마스크
사랑하는 자식들
빙 둘러 고요하다.
수혈하는 혈액봉지를 달고
머리 빠진 사람들이 오가는 병동
어디론가 급히 육신을 옮기는
또 한 번의 긴박한 소용돌이
이제 정말 본향으로
가는구나 싶었는데
고향의 모질게 질긴 인연들이 아른거린다.
검은 비닐을 뚫고 기상하듯 솟아나는
어린 녹두밭이
다시 살아나는 희미한 생기 속에 머문다.
아, 새벽 4시 반
평생을 울리던 알람소리
가련한 영혼을 붙들고
기도하던 화정교회로 달린다.

＊화정교회 : 충남 논산군 채운면 화정리에 소재하는 감리교회

이명耳鳴

한 해의 끝 달이 되면
초병처럼 서 있는 마지막 월력 한 장
모락거리는 소리를 낸다.
지난 삶은 어찌 되었든
생의 한 조각
살아 존재하는 고귀한 사건만큼
감사한 일은 없다.
세월이 나이테를 하나 더 두르고
다시 노란 선 위에 나를 세운다.
출발은 순간이다.
순간이 지나가면
우주를 때리는 소리도 지나간다.
미지의 세계가 엄습한다.
이번에는 천천히 끌려가자.
이번에는 아주 천천히 끌려가자.
가끔 한 걸음 한 걸음 뒷걸음질을 하자.
모르는 것에 질문은 말자.
모르면 모르는 대로 관심을 버리자.
포르테 시모로 가자.
지친 육신의 귓가에
삶을 사랑한다는 사치 같은 맹서는

하지 말자.
그냥 무릎을 꿇고
천천히 어린 날의 속도로 나가자.

문병

슬픈 환부에
손들을 포개 놓고
예수의 이름
목놓아 부르네.
세상은
어리석다 말할지라도
그의 이름 목놓아 부르네.

종을 치는 그리스도

딸랑

딸랑거리는 잠실역 지하거리
쏟아지는 인파 속에
그리스도
종을 치네.

세모엔

깊고 긴 여린 병자
홀로 남은 외로운 자
굶주린 가난한 자
또, 잊지 못하고

십자군 군복 입으시고
텅 빈 자선냄비 그 앞에 서서
그리스도
십자가 못 박힌 피 묻은 손으로
종을 들고
종을 치네.

나를 보며 종을 치네.

코비드 19 유감

죽음을 경고하는 바이러스
감염은 용서되지 않았다.
파산을 면치 못하는 형벌은 물론
혈육간 상봉도 허락되지 않았다.
우왕좌왕 흔들리는 지구
사람들은 문들을 닫고
얼굴을 마스크로 봉하고
출입할 때마다 소독제를 바른다.
전설의 백신을 맞고
사투를 벌이지만
주검이 쌓이는 소문은 무성하다.
끊임없이 부고가 전해 오고
주검은 쓸쓸이 세상을 떠난다.
그래도 지천엔 철없는 꽃들
개망초, 개똥풀꽃, 노란 금계국
말없이 만발하고
연못에는 작은 올챙이
바람은 소리 없이 살랑거린다.

즐거운 수다

까페의 시계는 멎어 있었다.
뼈만 앙상한 채
내장의 구할構을 드러내고
투박한 벽에 클라이머처럼 붙어 있었다.
가늠할 수 없는 시간들이
깔깔대는 웃음 속에 하나 씩 녹아
포근한 햇살거리로 흘러내렸다.
찻집 이층 자리로 토해 내지 못한
동물원의 남은 썰들이 달콤한
뽕잎을 먹고 실을 뽑아 냈다.
색다른 오후가 갔다.
돌아오지 못할 값비싼 하루가
저무는 인생의 드라마틱한 무대 뒤로
즐겁게 갔다.
늙어가는 겨울의 하루가
햇살로 눈부시다.

길

들꽃이 핀 서울역 고가공원
아래는 길들로 분주하다.
플랫폼 따라 우람한 철마 등에 지고
하늘로 내달릴 듯 쭉 뻗어 있는 철길
고개 들면
이순신 장군 서 있는 광화문 쪽으로
우람한 건축물을 사열하는 근엄한 길
청계천 흐르는 강가로
가을바람 거니는 뚝방길
걸어가는 길 수없이 많다.
어디로 가야 하나
진리의 길 오직 한 길인데
철마를 타고
저 광장으로 쏟아져 나오는 사람들
길을 찾아 어디론가 총총히 가고
아직 몇몇은 왔다가 갔다가
갈 길 몰라 서성이는데
성서를 들고 십자가 든 안내자
길이요 진리요 생명의 길 인도한다.

세월의 행렬

한해의 마지막 날
태양은
그리스도 예수처럼 십자가를 지고
서산 먼 은하로 건너간다.

지난한 고통과 허물
삶에 부딪쳐 지은 죄악들
아직 이글거리는 햇살로 녹여 가며
다 사랑하지 못했던 슬픈 기억
한 줌 추억으로 만들어
석류 빛 노을로 하늘에 펼쳐 놓고
내 주님처럼
다, 이루었다 몸짓한다.

오, 한해의 마지막
거룩한 세월의 행렬
순간이 지나면 또 순간이 오고
순간이 지나면 또 순간이 오는

하루의 시작

새벽 어둠을 이기고
남한산성 수어장대를 넘어온 하루
빈 가슴에 부서진다.

향내 나는 팔만육천사백 순간들
마음껏 마실 수 있는 공기
생존의 확인은 뜨거운 기쁨이다.

봄을 기다리는 겨울나무야
오늘은 할 수 있을까?

사랑하고
용서하고
회개하고
어쩌면 마지막 기회일 수 있는 일들을

메트로놈의 정박에 맞춰
순간들이 허공으로 날아간다.

타종打鐘

시작을 알리는 장엄莊嚴한 몸부림
순간
순간
누리에 퍼져
새해를 알린다.

새해는 순결한 것
우주를 건너
울림을 타고 온 고귀한 선물

우리 그 앞에
신랑을 기다리는 신부가 되자.
순결한 옷을 지어 입고
어둠을 밝히는 등불을 들고
설레는 가슴을 갖자.

리어카

피를 쏟는 아버지를 리어카에 싣고
동이리역을 지날 때에는
단숨에 달렸었는데

돌아올 땐
천근이 된 주검 위로
하얗게 쏟아지는 눈물

훠이 훠이
맴도는 혼불

또
무심한 허망도 실려

터벅이는 발걸음
바퀴 달린 리어카
한 걸음 나서지 못하네.

불면 不眠

밤이 깊어갈수록
반달이 어깨에 걸려 뒤척인다.
무거운 숨소리가
어둠을 메우는 고통의 시간
순간들은 걸어와
잠들지 못하는 간극들을 다 메우고
새벽을 힘겹게 열어
하루의 막을 걷는다.
또 하루
숨을 쉰다는 것은
감사할 일이다.

풍경
- 코로나 시대

숨막히는 마스크를 쓰고
실눈을 감는다.

세상은 실직과 파산의 두려움
먹물처럼 번지는 혼돈은
낙엽처럼 쓰러지는 주검과 행렬을 이룬다.

종말의 모습인가
누구나
갑옷 같은 마스크를 써야 한다.

그래야 기도할 수 있고
적들을 만날 수도 있다.

삶의 전장으로 떠나는
8호선 철마가 소리를 죽이고 들어온다.

운동화

그해 여름은 잔인했다.
헤어진 구멍으로 잠입한 모래알은
철길을 걷는 여린 발바닥을
모질게 고문했다.

자백하지 않으셨다.
텅 빈 전대纏帶의 심장이
까맣게 타고 있었지만
지불할 돈이 없다고

사건은 반백이 더 지나고
어머니 가신 지 오래된 일이지만
침목枕木 속에 스며 있는
아픈 추억 가끔 심장을 찌른다.

자전거

검은 정장을 하고
앵두나무 토담 밑에 항상 서 있었다.

기침 소리가 깊어지고
진한 가래가 폐부에서 용출했지만
병원은 가지 못했다.

가끔 말랭이로 끌려 갔었다.
다리를 가로질러 페달을 밟는 꼬맹이
아비의 깊은 병을 알 리 없었다.

돈 벌러 월남 갔다 온 영웅도
아비의 깊은 병을 인식하지 못했다.

가시던 전 날 나를 불렀었다.
낼 시장에 간다고
그러던 기유년 동짓달 스무이튿날

흰 눈은 펑펑 눈물 흘리는데
토담 밑에 홀로 나를 두고
육신은 리어커를 타고
영혼은 구름을 타고 떠나셨다.

제3부

훈풍 부는 날의 산책

5월의 고백

별이 쏟아지던 오월 어느 날
나는 당신을
불란서식 정원에서 처음 만났습니다.
후(後)로 세월은
사십 수년 더 흘러가며
호렙산
아브라함과 이삭을 만나고
모세와 다윗과 솔로몬
이사야 수많은 선지자를 만나고
십자가, 부활, 그리스도의 보혈
죽음과 구원의 비밀도 알았습니다.
아, 지치고 쓰러질 때마다
나를 안고 우시던
주님, 그러나
나는 탕자가 되었습니다.
내게 주어진 세월
화살같이 많이 지나가고
당신 앞에 돌아가 설 날 가까이 다가오는데
아직 구렁 한가운데 묻힌
바로 설 수 없는
탕자가 되었습니다.

사월

사월은
부활하신 당신
분노의 거리를 달리던 햇살도
성난 광야에 엎드린 들풀도
일어나
붉고 노란 꽃피리 부는
사월은
사흘 만에 다시 살아나신
그리스도.

갈망 渴望

기다립니다.

사막의 낙타처럼 무릎을 꿇고
피를 발라
징표를 치고

선혈 낭자한 옆구리
죽어서도 부활하신

하늘로 올라
이 땅에 다시 오실

주님 기다립니다.

새해

오신다 하시기에
겨울 동강
쉬리가 떠 주는 담수 한 동이 얻어 와
허물을 벗겨 냈습니다.

오신다 하시기에
못 박힌 나사렛 청년의
살과 피를 먹고
영혼을 씻어 냈습니다.

우주를 수억 광년 지나
예빈산 너머로
어둠을 이기고 핀
한 송이 처녀의 꽃 그대여

오신다 하시기에
희망의 *만나를 뿌리며
오신다 하시기에
큰북을 두드립니다.

*만나 : 하늘에서 떨어지는 일용할 양식

춘몽 春夢

다시 돌아와
십자가 군병처럼 내 앞에 선다.
거리는 곳곳마다
휘날리는 기미년 합창
승리는 언제나 잔인한 고난 위에
우뚝 선다.
어둠은 연기처럼 사라지고
봄은 마지막 긴 터널을 지나
라일락 향기 필 화원으로
질주한다.
사악한 것들은 가라.
피의 언덕 골고다 너머로
불의여 사라져라.
그리하여
목련꽃 피는 화사한 날에는
이 땅아, 그리스도의 정의로
부활하라.

호수로 걸어오는 봄

햇살은 닫힌 창문을 열고
바람은 겨울나무 끝가지를 녹이고
구청 아저씨는
플라타나스 몸통에 전기톱을 들이댄다.

석촌호수 요란한 서호수西湖水
자이로드롭이 굉음을 지를 때마다
흰 오리 한 마리 성난 부리로 쏘가리를 가격加擊한다.

귀여운 겨울의 앙탈도 이젠 끝이다.
내복을 두텁게 입고 삶을 방어하던 노인도
심심한 의자 위에 올라
롤러코스터의 숨가쁜 활강소리에 맞춰 둔한 왈츠를 춘다.

꽃이 피지 않아도 3월은
그냥 봄이다.
하얀 목련 툭 터질 듯 꽃망울 볼록하고
산수유 금방 핀 노란 잎
재잘대는 새들의 수풀소리 싱그럽다.

봄은
돌고 돌아가는 우주의 운항
지구를 타고 가는 내 영혼의 기행은
어디쯤 가고 있을까?

은행나무 봄 오른 높은 나무 위로
검정 망토를 입은 까치들
봄이 돌아왔다고
어서 일어나 걸으라고 목청을 높인다.

봄의 행진

어딘가를 떠나
소리 없이 걸어왔습니다.

들녘엔 지평선 너머까지 초록 카펫을 깔고
거친 광야에는
꺼지지 않는 노란 촛불 지천으로 켜 놓았습니다.
험한 산길이 휘돌아 가는
비탈진 골짜기
그 곳엔
진달래로 세모시를 지어 입히고
신랑을 기다리는 초롱 등불을 달아 놓았습니다.
나의 사는 마을에도
목련과 벚꽃이 눈부시게 피었습니다.
때가 되면 값없이 주시는 선물
보고만 있어도 눈물이 납니다.
향기를 뿌리는 라일락
사악한 죄악들이 속삭이는
썩은 벤취 위로 향수를 뿌립니다.
탐욕과 갈등과 증오들이
사랑의 향기에 취해 사라졌습니다.
카톡거리는 수많은 언어들의 유희 속에

지치고 곤한 영혼들도
무릎을 꿇었습니다.

봄이 어딘가를 지나
사박 사박 빠르게 걸어왔습니다.

오월의 기도

오월의 초일初日
거룩한 손은 노동을 멈춘다.
늘 숨가쁜 삶의 호흡
고난은 라일락 은은한 향을 타고
아버지 기도하던 먼 곳으로 떠난다.

오, 천지를 덮는 오월의 행진
초목은 노란 몸을 태우고
광야를 현란하게 덥던 흰 꽃은
립스틱 진한 입술을 맞춘다.

오, 그리스도시여
당신을 십자가에 매달려 죽이시고
우리를 살리신
예수 그리스도시여

오월의 대지 위로 폭포처럼 쏟아지는 환희의 기쁨
그것은 당신의 은총임을
먼저 기억하게 하소서.

백발이 된 민들레

강변 따라 지천으로
당신 같은 노란 들꽃 피었습니다.
가슴에 난 멍울들
생채기 난 풀잎들 꽃대로 세우고
하늘 보며 곧게 솟아
지천으로 피었습니다.
뭇서리 살을 앨 땐 순교자가 되고
외로울 땐 진노랑 고운 눈물
아버지를 불렀습니다.
아, 불멸의 꽃이여
오수汚水 속에 갇혔어도
욥이 된 불멸의 꽃이여
그리 빨리 백발이 될 줄
나는 몰랐습니다.
구름은 몰아쳐 부활은 가까운데
곱던 영광 다 버리고
하얀 홀씨마저 무상無常한 듯
바람 속에 다 보내고
꽃대만 홀로 외로이 선
백발이 된 꽃이여

병사의 촛불

유월이 되어서야 봄바람은
철망을 휘감고 산등으로 기어 올랐다.
저녁이 되면 황금빛 도포를 갈아입은 태양 앞에 서서
한 손엔 착검한 장총을 휘어잡고
한 손엔 탄창과 수류탄을 담은 탄통을 들고
바람 부는 언덕에 서서
진짜 사나이를 불렀다.
빛은 사라지고
어둠이 내려앉는 비무장지대
밤은 깊어가도 초병은 슬픈 역사를 쓴다.
긴장 속에 오가는 북녘 병사의 후레쉬 불빛
잠시 적은 동포라는 사실을 잊는다.
새벽은 어둠을 걷어 내고 하얀 포말을 부어
운해雲海를 만든다.
아, 망망대해茫茫大海 운해雲海
간간이 솟아 있는 GP초소 피뢰침 끝으로 빛이 찾아오면
새들은 일제히 일어나 노래를 부른다.
오, 또 감사한 하루의 시작
나는
봄기운 모락 모락 피어나는 철책을 타고 오르는
더덕 내음 찌르는 잎사귀에서

부화한 꿩들이 아장거리던 전선의 언덕 밑에서
말없이 산화한 당신을 그리며
고요히 촛불 하나를 켭니다.
희미한 불빛은 우주로 날아 별 하나가 되고
별은 기도하는 어머니가 됩니다.
평화와 통일을 기도하는

비상 飛翔

날자
날자, 은하의 정원으로
만물은 별빛 아래 무릎을 꿇는다
침묵하는 장엄한 출발선
우리 한 마리 알바트로스가 되자

새해를 알리는 타종 소리
촛불은 지축을 흔들고
초침은 부서져 용트림 치네
날자
날자, 날아오르자
오로라 찬란한 우주 너머로

아리던 슬픔
붉던 사랑의 눈물
추억의 언덕 저 편에 두고
날자
날아오르자
우리 한 마리 독수리가 되자.

동백섬

녹색 얇은 치마 몸에 걸치고
송이 송이
빠알간 입술 동백섬에 부끄럽네

지나야 할 긴 터널
통회痛悔할 나의 붉은 죄
끝은 보이지 않는데

초량시장 *이바구길
목련은 그래도 활짝 피고
매화는 늘어져 꽃잎 다 지어가네.

*이바구길 : 부산시 초량동에 위치한 테마거리

훈풍 부는 날의 산책

오늘은
을사년 2월14일
한 해도 벌써 한 달은 가고
또 한 달은 절반 고개를 넘는다.
왜 이리 세월은 날아가는 것인가.
돌아보면 추억거리만 몇 개
별로 한 일도 없이 온종일
교활한 자들이 내뱉는
추잡한 권모술수의 노이즈에 시달렸다.
엊그젠 정월 대보름
살찐 달이 우주 멀리서 내려와
어둔 골목을 붙들고
절망 가득한 광장에서 왈츠를 추었다.
혹한의 절망이 이젠 사라지는 것인가.
잠시 훈풍 부는 오후
혹한에 흥분한 가슴이 과천으로 바람을 불어
이른 봄바람을 피운다.
들뜬 다이얼을 눌러
남풍이 모락모락 피어나는
청계산 산등성으로 친구를 부른다.
백설이 눈부신 산허리를 오른다.

흰옷 입은 청계산 둘레길
나무지팡이를 내려칠 때마다
상쾌한 앙탈을 부린다.

새해맞이

말없이 따라왔습니다

당신이 운행하는
황홀한 우주를 타고

어딘지
슬픈 바람 부는
가을 수수밭 바람을 타고

계절이 번개처럼 피고 지던
세월의 강(江)도
병사처럼 건너왔습니다

여기는 지금
꽃 같은 눈물 흘러

슬픈 바람 불던 수수밭엔
푸른 깃발 하나
여호와 닛시의 깃발처럼 휘날리고

당신이 치는 거룩한 종 소리

은혜의 들판에 가득한
새해

별들은
살아 있는 찬 하늘 우러러
꽃 같은 눈물을 쏟아냅니다.

짧은 기도

세월 앞에
젖은 신발을 벗고
무릎을 꿇는다.

지난 한 해
부딪혀 조각 난
붉은 파편들이
파도를 타고 산산이 부서진다.

짧은
기도를 한다.

나를 안고 평안의 춤을 추소서
절망과 좌절을 부수고
등대를 켜 주소서.

왜가리

과천 서울대공원
얼어붙은 호수 언저리
차가운 철봉 위에 한 마리 서 있다.
얇은 외투 하나 걸치지 못하고
시린 맨발 있는 그대로
어설피 한 다리 서 있다.
물결도 졸리는 지루한 푸른 호수
종일토록 쏘아보는
삶의 몸부림
정오 쯤 튀어 오른 키싱구라미
낚아채는 몸부림이
눈부시다.

풍경 · 2
- 코로나시대 격리

콘크리트 난간 너머
반찬 몇 가지 건네 주네

홍매화 떨어진 도림천 강가는
벚꽃잎 슬픔에 나부끼는데

코비드 바이러스
아이들을 방안에 묶어 두고
봄을 보내고

말없이 돌아보는 어린 눈가
흩어지는 꽃잎 아래 눈물짓네.

입춘立春 무렵

올해도 봄은
바퀴처럼 굴러가지 않는다.
살을 애는 꽃바람이 불고
등불을 켜지도 못했다.
그래도 봄이 들어서는 길목
봄이 주는 씨앗 하나를 받아
광야에 심는다.
문득,
대문 앞에 서서
立春大吉을 써 붙이고 기도하던
선친을 떠올린다.
얼마나 간절했겠는가?
일제 36년 치하를 견뎌 내고
6.25를 겪으면서 황폐해진 조국
그 날들을 살아왔던 조상들
지금 누가 그걸 써 보랴?
하지만 지금도 봄이 되면
등불을 켜고
가슴 속에 써 붙이는
立春大吉

엘리 엘리 라마 사박타니*

그날에
어린 양
죽임 당하셨네

내가 쓸 가시면류관
당신이 쓰시고

내가 받을
조롱
당신이 다 받으시고

내가 맞을
채찍
당신이 맞으시며

십자가에 못 박혀
"엘리 엘리 라마 사박타니"하시네.

*나의 하나님, 나의 하나님, 어찌하여 나를 버리셨나이까?

제4부

갑판 위의 합창

영상리

나룻배 타고
만경강 건너간다.

한 시오리 걷다
나이롱 치마감 몇 자
마전리에서 가위로 잘라주고

또 몇 집 걸어
대보뚝 무심히 걷다 보면
그 곳에 와 있었다.

아버지 잔영 먼발치 보이고
외갓집 탱자나무 울타리
어스름 서 있고
들녘엔 허무한 바람 소스라치는
영상리 다리

당신과 나는
말없이 그냥
한참을 서 있곤 했었습니다.

사진

환갑날
성화에 못 이겨
남루한 평상복 벗어 내고
때깔 나는 양복 한 벌
넥타이 바짝 동여매고
딸이 사 준 명품구두 새로 신고
장가가는 날처럼 꽃밭에 서 보네
가난한 병신년
가난하게 태어나
서커스단 붉은 원숭이처럼
레이스를 뛰는 선수처럼
치열히
궤도를 돌다 보니
세월은 휙 지나가고
허공만 남았는지
스마트폰 담아온 백여 장
진 칼라 사진
젊은 청년은 어디 갔나.

전선 1978

소총을 옆에 끼고
이름 모를 병사의 무덤 앞에 선다.
말없는 성난 가시철망
155마일
철책은 동東에서 서西로 가로질러
조국의 산하를 갈라 놓고
접근을 엄금한다.
노을은 자유
거룩한 저녁은 자루를 열어
황금빛 가루를
서산마루 언덕에 뿌리고
새들은 둥지를 찾아 자유로이 오간다.
오, 싱그러운 바람
유월은 순국선열을 기억하는 달
언제쯤 금단禁斷의 철망을 걷어 내고
자유로이 만나
껄껄대며 포옹할 수 있으랴.

백두산 등정길

기도하는 마음으로
조용히 한 걸음씩
오를 수밖에 없다.
사람이 할 수 있는 일은
오직
기도하는 것뿐이라.
구름을 걷어 내고
비를 멎게 하고
잔잔한 미소 같은
햇살 한 줌
끝내는 숨겨 놓은
신비한 천지
더하여 간절한 민족의 통일까지
오직
값없이 줄 님에게
기도하는 것뿐이다.

갑판 위의 합창

우리의 노래는
검은 갑판 위에 휘날려
대양 앞에 부서지는 슬픈 파도
구토를 밟고 돌아서는
애끓는 심장을
한 잔에 따라
사무치는 건배를 외친다.
오,
끝없는 벌판을 울리는
민족의 말발굽 소리
갑판을 때리누나
어찌 백두는 사라지고
장백만 남았는가
돌아보자
어서 정신을 차리고
고구려의 다물정신
등에 메고
구토를 돌아보자.

이도백하

백두산 가는 길
이도백하
기묘히
먹구름 걷히고
상큼한 바람도 부네
때는 아직 칠월
가을은 머나먼데
새털구름 잔잔히 피어
하늘도 즐거우니
천지가 눈앞에 시리우네.

압록강가에서

물 건너
바로 저 곳은
내 동포가 사는 땅
살기 힘든 미지의 땅이라고
종 소리 울리지 않는
척박한 땅이라고
때로는
돌부리 발로 차 듯
행여 침은 뱉지 않았는가
강 건너 어린 병사
눈빛을 세워 국경을 녹이는데
강변에 숨어 든
목이 긴 백로 다섯
사뿐 날개를 펼치우네.

새 노래

천상의 한 하모니
몇 장 사진만 남기고
하늘로 올라가네
내 생의 한 마디
오직 그리스도를 사랑하는 이유로
예배당에 모여
늦도록 다듬고 또 다듬던 찬양
지휘를 따라
반주를 따라
어눌한 목소리 음정에 싣고
강하게도 여리게도 적절한 템포들
수박을 자르고, 감자를 삶고
오곡백과 나르던 고운 손길들
선율에 실려
쭉 따라 하늘로 올라가네
아, 하늘가는 축제의 밤
에봇을 입고 하늘로 부른 노래
두 둥실 날아
그리스도 우편에 향기롭네

장마

긴 눈물이 끝없이 내린다.
하루는 팔만육천사백 순간
그래도 하루는 긴 순간들인데
이틀 지나고 사흘 지나도
화차를 단 초원의 기관 열차처럼
내리 달리고 또 내려
노아의 빗물처럼 세상을 덮는다.
그때도 세상은 죄로 만연하였던가
말세의 경고에도 현실은 아직
전쟁과 테러
살인과 폭력
슬픔이 가득하고
사랑은 등대처럼 홀로 외롭다.
권모와 술수의 시대
사기가 춤추는 추악한 세상은 어디가 끝인가
끝없이 내리는 긴 빗물이여
우릴 건지소서
기도하며 살아가는 자에게
사탄이 쳐놓은 달콤한 욕망의 덫을 거두시고
영혼을 푸르게 씻으소서.

열대야

잠시 잠이 들었다
깨어보면 아직 깊은 한밤
무엇이든 말라 소멸하는
무섭게 뜨거운 밤
이 밤도
반은 뜬눈으로
반은 비몽사몽으로
화살같이 지나간 많은 세월
이 생각 저 생각 뒤척이다가
지난한 긴긴밤 싸우다가
날 위해 피 흘리신
그리스도 생각하다가
그의 팔을 베고
사라 왁* 그 어디메 정글언덕
새벽잠이 잠시 든다.

*사라 왁 : 말레이시아 선교지

폭염

백자를 굽는 걸까
청자를 굽는 걸까

활 활
타오르는 불볕 덩이
동공이 어지럽다

거리는 거리마다
건물은 건물마다
토해 내는 성난 화기

햇살 잠시 숨 고르면
하늘 바라보고
나를 돌아본다.

장미 정원

목련이 가고
라일락 향기도 어디론가 떠났네
때가 이르면 만물은 소리 없이
떠날 것은 떠나고
올 것은 오는 것이지만
문득 이별 앞에 서면
슬픔이 먼저 찾아와
영혼을 흔드네
지난날들은
왜
좀 더 순종하지 못하고
좀 더 사랑하지 못하고
좀 더 눈물 흘리지 못했을까
작열하는 태양 아래 홀로 외로운
빨간 장미
가시면류관을 세우네

투병 · Ⅱ

처절한 환부에
십자선을 긋고
삶과 죽음이 공존하는 접점에
방사선을 쪼인다.
육신에 붙어 공존하는 세포들이
비명을 지르며 녹아 내린다.
삼복에도 냉기가 흐르는 드럼
삶의 의지는 드럼 안에 빛나고
영혼은 우주 위에 빛난다.

비둘기

부상당한 흰 비둘기
다리를 깊이 절어가며
어디를 쑤시고
온종일 돌아다녔는지
숯장수 얼굴에 비할 바 아니다.

산다는 것은 때로는 그리 힘겨운 것이지
절름거리는 처절한 몸으로
생명을 걸고
잠실 사거릴 돌아다니는 것이지

살아 있다는 존재의 확인인가

매연을 내뿜는 시외버스 마후라 뒤까지
목숨을 걸고 침투하여
골똘한 생각으로
머리를 갸우뚱거린다.

북 치는 매미

큰북을 두드립니다.
혼돈의 세월 견디지 못하여
답답한 사립문을 열고

검은 밤 슬픈 달을 불러
구름 함께 애절히 통곡하던
지난 당신이 그립습니다.

새벽이슬이 부활하기 전
거목을 붙들고 토혈하며
몸부림쳐 보았습니다.

목이 터지도록
온몸이 떨렸습니다.

오늘은
그대의 가슴을
큰북으로 한 번 두드립니다.

중풍병자와 친구들

친구여
우리 환난 날엔
가버나움 예수 앞으로 나가자.
죄악이 앞을 가려 들어설 수 없는 날
지붕을 뜯어 내고 병자를
내려놓은 갈망하는 친구가 되자.
그 분은 여호와시라
오직 구원을 위하여
친히 육신으로 내려와
홍포를 입으시고
유월의 흰 꽃 피는 찔레나무
가시 면류관 조롱당하시며
십자가에 못 박혀
찢어져 피 흘리시며
죽임 당하신 어린 양이라.
친구여
이제 우리 가버나움으로 돌아가
다시 지붕을 뜯어 내고
오직 예수를 갈망하는 친구가 되자.

폭우

그 언제
빛을 토하며 눈물 쏟으신 적 있나요

햇살이 살을 찌르는 날
한 맺힌 원한
먹장구름이 되어

서러움 복받쳐
쏟아 내는 눈물
이제 그만 거둘 수 없나요

어제도
오늘
시시때때로

지축을 흔들며 쏟아 내는 눈물.

◆ 해설

아름다운 색깔로 시詩를 빚다

김호운
(소설가, 문학평론가)
(한국문인협회 이사장)

"색은 빛의 특성이다."라고 한 뉴턴의 「색채론」을 비판한 괴테는 빛의 결과로 색채가 나타나는 게 아니라, 색은 밝음과 어둠이 만나는 경계에서 감각적으로 발생한다고 주장했다. 그는 또 우리 눈은 유도색에 대해 피유도색을 만들어내는 능동적 감각기관이라고 했다. 색에도 정서와 도덕이 스며 있으며 인간의 상징적 사고와 연결된다고 보았다. 이것이 괴테의 색채론이다. 이처럼 과학을 논리로 이해하기에 앞서 감각으로 해석하는 능력이 있었기에 괴테가 훌륭한 시와 소설을 창작할 수 있었다.

눈에 보이는 사물이 유도하는, 보이지 않는 사물의 숨소리를 끌어내는 게 시인의 몫이다. 이 소리를 언어로 음악과 회화를 연출하는 이가 시인이다. 박종권 시인의 작품을 보면 끊임없이 보이지 않는 빛의 색채를 탐구하고 있다. 때론 신앙으로 때론 사랑으로, 때론 일상에서 마주치는 그리움으로, 가끔은 한 송이 꽃, 하늘을 나는 기러기가 시인의 사유(思惟)에 초대된다. 박종권 시인의 작품들은 이렇듯 다양한 색깔을 지닌다.

소설 『작은 것들의 신』(박찬원 옮김, 문학동네, 2020)으로 우리에게 잘 알려진 인도 소설가 아룬다티 로이(Arundhati Roy, 1961-)는 "사물이 시인을 선택한다."라고 했다. 시인과 작가가 사물과 사건을 작품의 소재로 선택한 게 아니라, 그 사물과 사건이 시인과 작가를 선택한다는 의미다. 작품을 씀으로써 사물에 생명력을 불어넣은 게 아니라, 그 사물이 생명력을 가지고 시인과 작가를 기다린다는 것이다. 한 편의 작품이 탄생하는 과정은 시인 작가가 사물을 살아 있는 생명으로 교감하며 만나는 인연의 결과다. 참 놀라운 반전이 아닐 수 없다.

> 사월은
> 부활하신 당신
> 분노의 거리를 달리던 햇살도
> 성난 광야에 엎드린 들풀도
> 일어나
> 붉고 노란 꽃피리 부는
> 사월은
> 사흘 만에 다시 살아나신
> 그리스도
>
> — 박종권 시 「사월」 전문

시 「사월」을 읽다 보면 엘리엇의 시 「황무지」를 연상하게 된다. '사월은 잔인한 달/죽은 땅에서 라일락을 키워내고/잠든 뿌리를 봄비로 깨운다.'라고 한「황무지」의 이 구절에서 사람들은 이 시를 '4월을 잔인한 달'의 이미저리로 인식한다. 엘리엇이 '잔인한 달'이라고 한 건 동토(凍土)에서 새싹을 틔우는 고통을 말하는 것이며, 이 고통의 끝을 '죽은 땅에서 라일락을 키워내고'로 연결한다. 결국 여기에서 '잔인'은 고난 끝에 오는 부활을 의미한다. 시인 엘리엇은 4월의 경계에서 어둠과 밝음을 동시에 바라보고 있다.

박종권의 시「사월」에서 '사월은/부활하신 당신/분노의 거리를 달리던 햇살도/성난 광야에 엎드린 들풀도/일어나'로 묘사함으로써 동토의 4월에서 꽃을 피우는 '부활'을 노래한다. 그리하여 '사월은/사흘 만에 다시 살아나신/그리스도'를 부활로 맞이한다.

『색채론』에서 뉴턴의 이론을 비판한 괴테가『파우스트』에서는 엘리엇의「황무지」와 다르게 4월을 희망과 재탄생으로 묘사한다. 4월을 경계로 봄 쪽에서 보면 새 생명이 움트는 희망이며, 반대쪽 겨울에서 보면 동토의 언 땅을 뚫고 봄으로 향하는 여린 새싹에게 잔인한 계절이 된다. 이처럼 같은 공간에서도 어느 쪽에서 보느냐에 따라 그 개념은 정반대의 색채를 띤다. 말하자면 괴테의『파우스트』에서 4월은 신앙과 희망을 회복하는 부활의 시간이며, 엘리엇의「황무지」에서는 죽은 땅을 뚫고 생명을 움트게 하는 고통의 계절이다. 그런데 이 두 개념은 사실 별개로 존재하는 게 아니라 하나의 사유 안에 들어 있다. 어느 쪽을 보든지 둘 다 새

생명이 움트는(부활) 의미를 품고 있다. 예수 그리스도의 십자가는 고통이면서 새로운 빛(희망)이기도 하다.
시 「춘몽春夢」에서도 같은 흐름을 유지한다.

다시 돌아와
십자가 군병처럼 내 앞에 선다.
거리는 곳곳마다
휘날리는 기미년 합창
승리는 언제나 잔인한 고난 위에
우뚝 선다.
어둠은 연기처럼 사라지고
봄은 마지막 긴 터널을 지나
라일락 향기 필 화원으로
질주한다.
사악한 것들은 가라.
피의 언덕 골고다 너머로
불의여 사라져라.
그리하여
목련꽃 피는 화사한 날에는
이 땅아, 그리스도의 정의로
부활하라.

- 박종권 시 「춘몽春夢」 전문

앞서 언급한 「사월」이 라일락꽃을 피울 준비를 하는 단계라면, 시 「춘몽春夢」은 꽃을 피워 그 향기가 대지를 적시는 완성 단계를 보여준다. 이를 신앙으로 환치하면 십자가의 고난에서 사흘 만에 부활한 예수 그리스도가 인류를 구원하러 복음을 전하는 단계다. '다시 돌아와/십자가 군병처럼 내 앞에 선다.'에서 그 서막을 알린다. 그리하여 '목련꽃 피는 화사한 날에는/이 땅아, 그리스도의 정의로/부활하라.'에서 그 절정을 이룬다.

「사월」과 「춘몽春夢」, 이 두 편의 시를 살펴본 바로 박종권 시인은 독실한 기독교 신앙인의 모습을 보인다. 기독교 신앙이 절절하게 스며 있다고 해서 선교의 목적성을 띠는 건 아니다. '신앙'을 오브제로 선택하였으나, 여기에서 '신앙'은 다양한 색채로 환치될 수 있는 사물화한 모습이다. 만약 '사랑'으로 환치한다면 절절한 사랑의 노래가 될 것이며, 수많은 고난을 거쳐 행복을 찾은 사람에게는 행복의 노래가 된다. 이처럼 문학은 독자의 체험이 가미되어 다양한 모습으로 재생산이 이루어진다. 그러하므로 문학은 영원한 생명력을 가지고 시공간을 초월하여 독자의 사랑을 받는다.

시 「병사의 촛불」은 매우 강렬하다. 마치 헝가리 음악가 리스트 페렌츠(Liszt Ferenc, 1811-1886)의 피아노곡 「마제파(Mazeppa)」 연주를 듣는 것처럼 격정이 넘친다. 피아노곡 「마제파」는 '초절기교(超絕技巧) 연습곡'이라 불릴 정도로 난해하기로 유명하다. 「병사의 촛불」은 「사월」과 「춘몽春夢」, 이 두 작품과 전혀 다른 색깔을 보여준다.

유월이 되어서야 봄바람은
철망을 휘감고 산등으로 기어 올랐다.

저녁이 되면 황금빛 도포를 갈아입은 태양 앞에 서서
한 손엔 착검한 장총을 휘어잡고
한 손엔 탄창과 수류탄을 담은 탄통을 들고
바람 부는 언덕에 서서
진짜 사나이를 불렀다.
빛은 사라지고
어둠이 내려앉는 비무장지대
밤은 깊어가도 초병은 슬픈 역사를 쓴다.
긴장 속에 오가는 북녘 병사의 후레쉬 불빛
잠시 적은 동포라는 사실을 잊는다.
새벽은 어둠을 걷어 내고 하얀 포말을 부어
운해雲海를 만든다.
아, 망망대해茫茫大海 운해雲海
간간이 솟아 있는 GP초소 피뢰침 끝으로 빛이 찾아오면
새들은 일제히 일어나 노래를 부른다.
오, 또 감사한 하루의 시작
나는
봄기운 모락 모락 피어나는 철책을 타고 오르는
더덕 내음 찌르는 잎사귀에서
부화한 꿩들이 아장거리던 전선의 언덕 밑에서
말없이 산화한 당신을 그리며
고요히 촛불 하나를 켭니다.
희미한 불빛은 우주로 날아 별 하나가 되고
별은 기도하는 어머니가 됩니다.
평화와 통일을 기도하는

– 박종권 시 「병사의 촛불」 전문

시 「병사의 촛불」은 '유월이 되어서야 봄바람은/철

망을 휘감고 산등으로 기어 올랐다.'로 시작한다. 6월에 민족상잔의 비극을 불러온 6.25 한국전쟁이 있은 달이고, 이때 희생한 국군을 추모하는 현충일이 있는 달이다. 이 '유월의 봄바람'은 향기로운 꽃을 피우며 즐길 수 없다. 6.25 한국전쟁 당시 목숨을 걸고 적진을 향해 산을 오르던 병사들이기에 6월의 봄바람은 '철망을 휘감고 산등으로 기어 올랐다.'라야 어울린다. '빛은 사라지고/어둠이 내려앉는 비무장지대/밤은 깊어가도 초병은 슬픈 역사를 쓴다.'는 처연한 결기가 일어선다. 당시 이름 모르는 산야에서 스러져간 병사들의 함성과 비명이 들리는 듯, 오늘을 지키는 병사에겐 비장함이 스며든다. 이 병사는 '부화한 꿩들이 아장거리던 전선의 언덕 밑에서/말없이 산화한 당신을 그리며' 고요히 촛불 하나를 켠다. 어둠을 밝히는 이 희미한 불빛이 우주로 날아가 별이 되었고, 그 별은 평화와 통일을 기도하는 어머니가 되었다. 1913년 동양 최초의 노벨문학상을 수상한 인도의 타고르는 「기탄잘리」 제83편에서 '어머니, 내 슬픔의 눈물로 당신의 목에 걸어드릴 수 있는 진주 목걸이를 엮겠습니다.'라고 한다. 동서양을 막론하고 '어머니'는 사랑과 희망을 상징하는 존재다. 가없이 넓고 깊은 사랑을 베푼다. 전선에서 켠 촛불의 빛으로 하늘의 별이 된 그 어머니에게 이 시의 절정을 헌사하며 뭇사람들에게 평화와 통일을 기도하게 한다.

또 눈에 띄는 작품 한 편이 있다. 시 「전선 1978」이다. 이 시의 제목에 붙은 '1978'은 무엇을 의미할까. 유추하건대, 박종권 시인이 입대하여 복무했던 그 해가 아닌가 추측해 본다. 이건 순전히 추측일 뿐이다. 그렇지 않다고 하더라도 제목에 붙은 '1978'은 이 시를 감상하는 독자들에게 풀 수 없는 수수께끼로 긴장을 조성한다. 작품 못지않게 시인은 시 제목을 달 때도 한 편의 시를 쓰는 것만큼 공력을 들이며 깊은 사유의 세계를 거쳤다.

> 소총을 옆에 끼고
> 이름 모를 병사의 무덤 앞에 선다.
> 말없는 성난 가시철망
> 155마일
> 철책은 동東에서 서西로 가로질러
> 조국의 산하를 갈라 놓고
> 접근을 엄금한다.
> 노을은 자유
> 거룩한 저녁은 자루를 열어
> 황금빛 가루를
> 서산마루 언덕에 뿌리고
> 새들은 둥지를 찾아 자유로이 오간다.
> 오, 싱그러운 바람
> 유월은 순국선열을 기억하는 달
> 언제쯤 금단禁斷의 철망을 걷어 내고
> 자유로이 만나
> 껄껄대며 포옹할 수 있으랴.
>   – 박종권 시 「전선 1978」 전문

'철책은 동東에서 서西로 가로질러/조국의 산하를 갈라 놓고' 접근을 엄금하지만, '노을은 자유'다. 그리하여 '소총을 옆에 끼고/ 이름 모를 병사의 무덤 앞에 선' 병사는 거룩한 저녁 하늘에 황금빛으로 물든 노을을 자루에 담아 서산마루 언덕에 뿌린다. 새들조차 둥지를 찾아 남북 가리지 않고 오가는데, 정작 이를 바라보는 사람들이 철책으로 이를 가로막는다. 순국선열을 기억하는 유월에 병사의 마음엔 절망과 희망이 교차한다.

이 시를 읽으며 박종권 시인의 사물을 바라보는 사유 세계를 다시 한번 언급하지 않을 수 없다. 박종권 시인은 오늘 현재든, 과거든 눈에 보이는 현상이든 보이지 않는 가상의 세계든 이를 사유의 필터로 걸러 내어 아름다운 시로 엮는 솜씨가 탁월하다. 그물코처럼 복잡하게 배치된 시어들이 마치 잘 짜인 한 폭의 아름다운 천으로 교직되어 펄럭인다. 그래서 독자들에게 쉬 작품에 다가가게 하는 힘이 있다.

그런가 하면 시「동백섬」에서는 은쟁반에 굴러가는 옥구슬 소리가 난다. 이 시인의 시 세계의 색깔이 어디까지 변신하는지 궁금증을 자아내게 한다.

녹색 얇은 치마 몸에 걸치고
송이 송이
빠알간 입술 동백섬에 부끄럽네

지나야 할 긴 터널

통회痛悔할 나의 붉은 죄
끝은 보이지 않는데

초량시장 이바구길
목련은 그래도 활짝 피고
매화는 늘어져 꽃잎 다 지어가네.

— 박종권 시 「동백섬」 전문

'녹색 얇은 치마 몸에 걸치고/송이 송이/빠알간 입술 동백섬에 부끄럽네' 이 첫 연에서 독자들은 잘 그린 한 폭의 수채화를 보는 느낌을 가져갈 것이다. 시는 언어로 교직하지만, 시에는 음악이 흐르고 아름다운 색깔로 그린 그림이 있다. 언어에 스며든 시인의 사유를 가져가기도 하지만, 소리를 듣고 그림을 보기도 한다. 시 「동백섬」은 시 전체가 한 덩이의 기호학이다.

경쾌한 음악과 화려한 회화로 묘사하는 박종권 시인의 작품은 슬픔이나 아픔까지도 그리 그린다. 시 「병실에서」 역시 그렇다. 병들어 입원한 환자의 시선으로 이 시를 그리고 있다.

새싹은 철없이 파릇파릇
솟아 일어서는데
쓸쓸한 병실에 누운
시인 민초民草
하늘 가는 그 먼 길
시詩 뿌리며 떠날 채비를 하네.
아직 마른 그 손목 따뜻하여

금방 일어나 어디
시詩 한편 보여 달라 할 듯한데
목 메이는 기도
기막혀 다 고하지 못하고
전복 죽 몇 그릇
다 잡수라고 애원하며
돌아서 눈물 한 자락 토하네.

- 박종권 시 「병실에서」 전문

이 시에 나타낸 '민초(民草)'는 산시동인으로 시인과 함께 활동하다가 작고한 양동환 시인을 가리킨다. 죽음을 앞둔 동인의 병실에서 이 시를 빚는다. 슬프고 아픈 감정을 절제하며 최대한 아름다움으로 액자 속에 담고 싶어하는 시인의 절절한 마음이 엿보인다. '아직 마른 그 손목 따뜻하여/금방 일어나 어디/ 시詩 한 편 보여 달라 할 듯한데' 불가항력의 운명 앞에 시인은 돌아서서 눈물 한 자락 토한다. 그러나 박종권 시인은 목이 메는 이러한 감정을 '하늘 가는 그 먼 길/시詩 뿌리며 떠날 채비를 하네.'로 절제된 감정으로 시를 그린다.

밤이 깊어갈수록
반달이 어깨에 걸려 뒤척인다.
무거운 숨소리가
어둠을 메우는 고통의 시간
순간들은 걸어와
잠들지 못하는 간극들을 다 메우고

새벽을 힘겹게 열어
하루의 막을 걷는다.
또 하루
숨을 쉰다는 것은
감사할 일이다.

– 박종권 시 「불면不眠」 전문

앞서 언급한 시에서도 설명했듯이 박종권 시인은 탁월한 언어의 마술사다. 이미저리를 시로 형상하는 솜씨가 언어의 연금술사로 상찬하고 싶다 '밤이 깊어갈수록/반달이 어깨에 걸려 뒤척인다.' 불면의 고통스러운 밤을 이렇게 묘사한다. '반달이 어깨에 걸려 뒤척인다'는 표현은 평소 시인이 사물을 어떤 시선으로 바라보는가를 유추할 수가 있다. 어두움과 밝음, 긍정과 부정을 모두 하나의 그릇에 담는 폭넓은 사유를 가졌다. 그래서 시인의 가슴에서는 사람을 취하게 하는 향내가 난다.

박종권 시인의 시향(詩香)이 널리 퍼져나가 사람들에게 희망과 용기를 주고, 우리 사회를 아름답게 빛내기를 소망한다. 앞으로 그리되는 시인이기를 기대한다.

순수시선 696

즐거운 수다

박종권 지음

2025. 9. 20. 초판
2025. 9. 25. 발행

발행처 · 순수문학사
출판주간 · 朴永河
등 록 제2-1572호

서울 중구 퇴계로48길 11, 협성BD 202호
TEL (02) 2277-6637~8
FAX (02) 2279-7995
E-mail ; seonsookr@hanmail.net

· 저자와의 합의하에 인지를 생략함
· 잘못된 책은 바꾸어 드립니다

ISBN 979-11-91153-89-7

가격 15,000원